Volker Krüger | Muriel Struck

KONTAKT GRILL

50 kreative Rezeptideen für Sandwiches, Gemüse und Fleisch

riva

Bibliografische Information der Deutschen Nationalbibliothek

Die Deutsche Nationalbibliothek verzeichnet diese Publikation in der Deutschen Nationalbibliografie. Detaillierte bibliografische Daten sind im Internet über http://d-nb.de abrufbar.

Für Fragen und Anregungen

info@rivaverlag.de

Wichtiger Hinweis

Ausschließlich zum Zweck der besseren Lesbarkeit wurde auf eine genderspezifische Schreibweise sowie eine Mehrfachbezeichnung verzichtet. Alle personenbezogenen Bezeichnungen sind somit geschlechtsneutral zu verstehen.

Originalausgabe
3. Auflage 2022
© 2018 by riva Verlag, ein Imprint der Münchner Verlagsgruppe GmbH
Türkenstraße 89
80799 München
Tel.: 089 651285-0
Fax: 089 652096

Redaktion: Eva Siegmund
Umschlaggestaltung: Isabella Dorsch
Umschlagabbildungen und Abbildungen im Innenteil: Volker Krüger, Muriel Struck
Satz: inpunkt[w]o, Haiger (www.inpunktwo.de)
Druck: Florjancic Tisk d.o.o., Slowenien
Printed in the EU

ISBN Print 978-3-86883-934-0
ISBN E-Book (PDF) 978-3-7453-0296-7
ISBN E-Book (EPUB, Mobi) 978-3-7453-0295-0

Weitere Informationen zum Verlag finden Sie unter

www.rivaverlag.de

Beachten Sie auch unsere weiteren Verlage unter www.m-vg.de

Inhalt

Vorwort

Fettarm, vitaminschonend, lecker. Mit dem Kontaktgrill hat die Grillsaison 365 Tage im Jahr. Natürlich gibt es viele vernünftige Gründe, sich schleunigst einen Kontaktgrill in die Küche, ins Büro oder in die Schrebergartenlaube zu stellen. Aber dazu kommen wir noch. Der entscheidende Grund für uns als Kochbuchautoren ist natürlich der Geschmack, allen voran die feinen Röstaromen, die sich beim Zubereiten auf dem Kontaktgrill perfekt entfalten und die jedem Gericht seine ganz besondere Note geben. Aber von Anfang an. Wir kannten den Kontaktgrill bislang eigentlich nur in Gestalt eines pausenlos zischenden Sandwichgrill-Veteranen bei unserem Lieblingsportugiesen um die Ecke. Für uns gehörte die verkohlte Käse-Fett-Nurgott-alleinweißwassonstnochalles-Kruste am Rand irgendwie zum Gerät dazu – wie Schalter, Kabel und loser Stecker. Lässt sich eben schlecht reinigen, dachten wir damals völlig zu Recht. Und vielleicht ist das ja gerade das Geheimnis des tollen Grillgeschmacks. Ist es nicht, wie wir dann schnell feststellten, als wir die ersten selbst gegrillten Käse-Schinken-Sandwiches auf unserem brandneuen Kontaktgrill zubereitet hatten. Die waren nämlich perfekt, so wie bei unserem Lieblingsportugiesen. Den Sandwichtest hatte unser neues Gerät also grandios gemeistert, aber wie sah es mit all den Dingen aus, die man/frau den lieben Sommer lang so auf den Holzkohlegrill wirft: Fleisch, Fisch, Spießchen, Gemüse und und und? Unser Fazit: Es gibt nur eine Situation, in der ein klassischer Grill seine verkohlte Nase vorn hat – da,

wo es keinen Strom gibt. Aber wir möchten den Holzkohlegrill und den Kontaktgrill gar nicht direkt miteinander vergleichen, denn das wäre unfair. Der Kontaktgrill kann sehr viel mehr als nur den klassischen Grill ersetzen, er ersetzt nämlich auch noch die Bratpfanne. Vieles, was bisher in der Pfanne zubereitet werden musste, gart man auf dem Kontaktgrill komplett ohne zusätzliches Fett. Für all jene, die viel Wert auf gesunde, kalorienarme Ernährung legen, ist der Kontaktgrill also das ideale Kochgerät für jeden Tag. Die kurzen Garzeiten schonen hitzeempfindliche Vitamine, das ist besonders bei Gemüse und bei Früchten wichtig. Bei Fleisch und Fisch lässt sich der Garpunkt bei einigen Geräten sogar exakt vorab einstellen. Und es geht schnell, denn durch den direkten Kontakt mit den beiden Heizplatten verkürzen sich die Garzeiten erheblich. Auch die Reinigung danach ist ein Klacks: Man kann die beiden beschichteten Heizplatten ganz leicht aus dem Kontaktgrill herausrausnehmen und mit warmem Wasser, etwas Spülmittel und einer weichen Bürste picobello sauber machen. Oder ganz einfach gleich in die Spülmaschine damit. In diesem Kochbuch haben wir 50 Rezepte zusammengestellt, die wir auf dem Kontaktgrill zubereitet haben: Sandwiches, Snacks, Fleisch, Fisch, Gemüse, Süßes, Fruchtiges und sogar eine Limonade – vieles vegetarisch, manches vegan, alles lecker – mit einer schönen Röstnote und hübschen goldbraunen Grillstreifen! Nun wünschen wir viel Spaß beim Kontaktgrillen ... und natürlich guten Appetit!

Sandwiches

Burger mit Gorgonzola und karamellisierten Zwiebeln

Gerüchten zufolge der absolute Lieblingsburger der Sopranos.
Ein italoamerikanisches Meisterwerk, das auch dann noch glücklich
macht, wenn die Füße längst tief in Flüssigbeton stecken.
Va bene – solange es nicht die eigenen sind!

FÜR 4 PERSONEN • ZUBEREITUNGSZEIT: 25 MINUTEN

ZUTATEN

800 g frisches Rinderhack
6 mittelgroße rote Zwiebeln
2 EL Butter
1 EL brauner Zucker
Salz
schwarzer Pfeffer aus der
   Mühle
4 Burgerbuns (Brötchen)
   mit oder ohne Sesam
200 g Gorgonzola

1. Rinderhackfleisch am besten beim Metzger frisch durchdrehen lassen. 4 möglichst gleich große Patties mit einem Durchmesser von ca. 10 Zentimetern und einer Höhe von ca. 2 Zentimetern daraus formen.

2. Zwiebeln schälen und achteln. Butter in eine Pfanne geben und schmelzen lassen. Zwiebeln, braunen Zucker und etwas Salz dazugeben und bei mittlerer Hitze glasig dünsten, bis die Zwiebeln karamellisieren.

3. Den Kontaktgrill auf mittlere Temperatur vorheizen.

4. Die Hackpatties jeweils von beiden Seiten großzügig salzen und pfeffern und ca. 2–4 Minuten grillen, je nachdem wie »rare« oder »well done« man seinen Burger liebt.

5. Die Burgerbrötchen quer durchschneiden. Die karamellisierten Zwiebeln gleichmäßig auf die Brötchenunterseiten verteilen. Etwas Zwiebelsoße zurückbehalten.

6. Die fertig gegrillten Patties auf die Zwiebelschicht im Brötchen legen. Auf jedes Patty gleichmäßig 50 g Gorgonzola verteilen, darüber die verbliebene Zwiebelsoße gießen und die obere Hälfte des Brötchens darauflegen.

7. Die Burger für ca. 2 Minuten grillen, bis der Gorgonzola zu schmelzen beginnt.

8. In Butterbrotpapier wickeln, fest in beide Hände nehmen und … lecker!

Burgerbuns gibt es auch frisch und in Bio-Qualität bei guten Bäckern – einfach mal nachfragen und evtl. vorbestellen.

Reuben Sandwich mit Russian Dressing

Kein Schmus: Dieser jüdisch-amerikanische Stullenklassiker ist so einfach zuzubereiten, dass man schon ein beschickerter Schmock sein muss, um dieses tolle Rezept zu vermasseln.

FÜR 4 PERSONEN • ZUBEREITUNGSZEIT: 25 MINUTEN

ZUTATEN

1 Roggensauerteigbrot
4 EL weiche Butter
1 kleine Dose Sauerkraut (Abtropfgewicht 285 g)
300 g Pastrami (Rinderbrust, geräuchert und gewürzt)
8 Scheiben Schweizer Käse (z. B. Appenzeller)
sauer eingelegte Gürkchen und Silberzwiebeln als Dekoration

Für das Russian Dressing:

200 ml Mayonnaise
½ TL Meerrettich
3 TL Ketchup
½ TL Zitronensaft
¼ TL Worcestershiresauce
½ Zwiebel
1 Gewürzgurke
Salz

1. Für das Russian Dressing nacheinander Mayonnaise, Meerrettich, Ketchup, Zitronensaft und Worcestershiresauce in eine Schüssel geben und verquirlen. Zwiebel fein hacken, Gewürzgurken fein würfeln und beides hinzufügen. Mit Salz abschmecken, gründlich umrühren und abgedeckt in den Kühlschrank stellen.

2. Vom Roggenbrot 8 ca. 1,5 cm dicke Scheiben abschneiden.

3. Den Kontaktgrill auf mittlere bis hohe Temperatur vorheizen.

4. Jede Brotscheibe zuerst mit Butter und dann dick mit dem Russian Dressing bestreichen.

5. Brotscheiben der Reihenfolge nach üppig mit Sauerkraut, Pastrami und je 2 Scheiben Schweizer Käse belegen. Eine Scheibe Brot als Abschluss on top.

6. Sandwiches ca. 2–3 Minuten grillen, bis der Käse zu schmelzen beginnt.

7. Mit Gürkchen und Silberzwiebeln servieren.

Dazu passen wunderbar ein kühles Bier und dieses kluge jüdische Sprichwort: »Besser die Gurke, die man hat, als die Aussicht auf einen Kürbis.«

Focaccia mit gegrillter Paprika und Büffelmozzarella

Als enge Verwandte der Pizza schmecken Focacciabrötchen, üppig belegt mit italienischen Leckereien und warm serviert, am besten. Wer gerade nichts Besseres vorhat, kauft seine Foccacia bei der Bäckerei »Panificio Paolin« in Genua – alle anderen wackeln ganz einfach in den nächsten Supermarkt.

4 PERSONEN • ZUBEREITUNGSZEIT: 45 MINUTEN

ZUTATEN

2 rote Paprikaschoten
4 runde Focacciabrötchen
2 Kugeln Büffelmozzarella
 (Abtropfgewicht 200 g)
3 Stängel frischer Thymian

Für das Pesto:

2 EL Zucker
1 EL Balsamicoessig
75 g getrocknete Tomaten
 (nicht eingelegt)
3 EL gehackte oder
 gestiftelte Mandeln
2 TL Tomatenmark
250 g Ricotta
Salz
schwarzer Pfeffer aus
 der Mühle

1. Den Kontaktgrill auf mittlere bis hohe Temperatur vorheizen.

2. Die Paprikaschoten waschen, halbieren und die Kerne und weißen Häutchen entfernen. Die Paprikahälften jeweils vierteln und im Kontaktgrill ca. 8 Minuten gar grillen.

3. Für das Pesto den Zucker in einem kleinen Topf goldgelb karamellisieren lassen. Dann den Balsamicoessig, ca. 350 ml Wasser und zuletzt die getrockneten Tomaten dazugeben. Ca. 15 Minuten leise köcheln lassen.

4. In der Zwischenzeit die Mandeln in einer Pfanne ohne Fett anrösten.

5. Die weich gekochten Tomaten mit dem Sud in ein Sieb geben, abtropfen lassen und zusammen mit den gerösteten Mandeln, Tomatenmark und Ricotta pürieren. Mit Salz und Pfeffer abschmecken.

6. Die Focacciabrötchen quer durchschneiden. Die unteren Hälften mit der Pestocreme bestreichen und mit den gegrillten Paprikastreifen belegen. Die Mozzarellakugeln grob zerrupfen und auf die 4 Brötchenhälften verteilen. Blätter von den Thymianstängeln zupfen und über die belegten Focacciahälften streuen.

7. Zuletzt die Brötchendeckel auflegen und die Focaccia-brötchen ca. 5 Minuten grillen.

Wenn es schneller gehen muss,
einfach fertiges rotes Pesto aus
dem Glas (200 g) verwenden
und mit Ricotta verrühren.

Tortillas mit Avocado und Käse

Bei dieser leckeren mexikanisch-holländischen Sandwichfusion bekommt das Wort »Kontaktgrill« eine ganz neue, geradezu völkerverbindende Bedeutung.

---

4 PERSONEN • ZUBEREITUNGSZEIT: 25 MINUTEN

ZUTATEN

120 g grüne Oliven mit Stein
1 rote Peperoni
1 kleines Bund Koriander
2 Frühlingszwiebeln
200 g Gouda
2 Avocados
½ Limette
8 Weizentortillas
4 EL Frischkäse
Salz

1. Oliven entsteinen und grob hacken.

2. Peperoni waschen, längs halbieren, entkernen und in feine Streifen schneiden.

3. Koriander waschen, trocknen und mit den Stängeln hacken.

4. Frühlingszwiebeln waschen und in feine Ringe schneiden.

5. Gouda grob reiben.

6. Avocados halbieren, schälen, in Scheiben schneiden und leicht salzen.

7. Die Limette auspressen und den Saft über die Avocadoscheiben träufeln.

8. 4 Tortillas mit Frischkäse bestreichen und mit Avocado belegen.

9. Oliven, Peperoni, Koriander, Frühlingszwiebeln und geriebenen Gouda gleichmäßig darüber verteilen. Mit den übrigen 4 Tortillas abdecken.

10. Ca. 4 Minuten lang goldbraun grillen, bis der Käse leicht geschmolzen ist. Mittig teilen und servieren.

Beim Vorbereiten der Peperoni am besten Einmalhandschuhe tragen, denn ein unbewusster Griff ins Auge oder an die Nase kann schmerzhafte Folgen haben.

Bavarian Hotdog mit Radieschenspiralen

Das ultimative belegte Brötchen für alle, die es deftig mögen –
schmeckt garantiert auch nördlich des Weißwurstäquators.

4 PERSONEN • ZUBEREITUNGSZEIT: 20 MINUTEN

ZUTATEN

4 Weißwürste
4 Laugenstangen
4 EL Mayonnaise
4 Salatblätter
1 Bund Radieschen
4 Gewürzgurken
½ Bund Schnittlauch
4 EL süßer Senf
4 gehäufte EL Röstzwiebeln
Salz
schwarzer Pfeffer aus
    der Mühle

Zubehör: Rettichschneider

1. Weißwürste häuten und längs halbieren.

2. Laugenstangen längs halbieren und die Hälften mit Mayonnaise bestreichen.

3. Salat und Radieschen waschen und trocknen. Je 4 Radieschen und 4 Gewürzgurken in dünne Scheiben schneiden. Die übrigen Radieschen mit einem Rettichschneider in Spiralen schneiden.

4. Den Kontaktgrill auf mittlere Temperatur vorheizen.

5. Schnittlauch in feine Röllchen schneiden.

6. Weißwursthälften grillen, bis sie goldbraune Grillstreifen haben.

7. Laugenstangen mit je einem Blatt Salat, 2 Wursthälften, Radieschen und Gurkenscheiben belegen. Je einen EL süßen Senf darübergeben und mit Röstzwiebeln bestreuen.

8. Radieschenspiralen mit Salz und Pfeffer würzen, mit Schnittlauchröllchen bestreuen und als typisch bajuwarische Beilage zum Hotdog servieren.

Rettichschneider, auch Spiralschneider genannt, gibt es schon für wenig Geld in Haushaltswarengeschäften oder im Internet. Sie eignen sich auch für andere Gemüsesorten, z. B. Gurken, Zucchini ...

Blätterteigsandwich mit Käse und Schinken

Mehr Multikulti geht nicht. Den Blätterteig haben die Osmanen erfunden, der Käse ist holländisch, der Schinken spanisch, Crème fraîche und Senf sind französisch – und jetzt kommen Sie!

---

4 PERSONEN • ZUBEREITUNGSZEIT: 20 MINUTEN

ZUTATEN

- 200 g Gouda am Stück
- 2 Pck. Blätterteig aus dem Kühlregal
- 8 TL Crème fraîche
- 8 TL grober Dijonsenf
- 16 Scheiben Serranoschinken

1. Den Kontaktgrill auf mittlere Temperatur vorheizen.

2. Gouda grob reiben.

3. Aus den Blätterteigplatten lassen sich jeweils 4 Sandwiches zubereiten. Die erste Packung Blätterteig entrollen und mit einem runden Ausstecher 8 Kreise ausstechen (Durchmesser ca. 10 cm). Alternativ die Teigplatte jeweils in 8 gleich große Rechtecke schneiden.

4. Die Hälfte der Teigstücke nacheinander mit je 1 TL Crème fraîche und 1 TL Senf bestreichen und mit je 2 Scheiben Schinken belegen. Den geriebenen Käse zu gleichen Teilen darüberstreuen.

5. Jedes belegte Teigstück zum Schluss mit einem unbelegten Teigstück abdecken.

6. Für ca. 5 Minuten knusprig-goldbraun grillen.

7. Mit der zweiten Blätterteigplatte genauso verfahren.

Wer keinen Ausstecher in der passenden Größe zur Hand hat, kann auch eine kleine Schüssel oder einen Unterteller umgedreht als Schablone zum Ausschneiden verwenden.

Arme Ritter mit Tomaten-Mangold-Salat

Schlacht statt Schlachtplatte! Der Name »Arme Ritter« entstand im 17. Jahrhundert, als der Dreißigjährige Krieg verheerende Löcher in die adligen Haushaltskassen riss. Die durchlauchten Herrschaften konnten sich kein Fleisch mehr leisten. Aber Eier hatten sie!

4 PERSONEN • ZUBEREITUNGSZEIT: 20 MINUTEN

ZUTATEN

4 Bio-Eier (Größe L)
2 Knoblauchzehen
Salz
Pfeffer aus der Mühle
8 Scheiben Sandwichtoast

Für den Salat:

250 g Cherrytomaten
100 g Babymangoldblätter
1 EL Apfelessig
1 TL Honig
4 EL Rapsöl

1. Kontaktgrill auf mittlere Hitze vorheizen.

2. Eier in einer flachen Schale mit einem TL Wasser verquirlen.

3. Die Knoblauchzehen durch eine Presse zu den Eiern drücken. Mit Salz und Pfeffer würzen und alles gut verrühren.

4. Tomaten waschen und vierteln. Mangoldblätter waschen, trocken schleudern und mit den Tomaten mischen. In Salatschalen oder, wie hier im Bild, in schöne Gläser füllen.

5. Für das Salatdressing Essig, Honig, Öl, Salz und Pfeffer in ein Schraubglas geben, kräftig schütteln und über den Salat gießen.

6. Jede Toastbrotscheibe in die Eiermischung legen und darin wenden.

7. Nacheinander jeweils 4 Toastbrotscheiben ca. 4 Minuten lang goldbraun grillen.

8. Je nach Lust und Laune mit Salat und Ketchup, Chutney, eingelegtem Kürbis oder Gewürzgurken servieren!

Für die süße Variante Knoblauch, Salz und Pfeffer einfach durch Zucker und etwas Zimt ersetzen. Statt Toastbrot Brioches oder Croissants verwenden – dazu passt nach Belieben Apfel-, Birnen- oder Rhabarberkompott.

Mais-Pancakes mit einem deftig-fruchtigen Topping

Mehr Maisgeschmack geht nicht, denn diese Pancakes werden aus frisch geriebenen Maiskolben gemacht.

4 PERSONEN • ZUBEREITUNGSZEIT: 30 MINUTEN

ZUTATEN

6–8 frische Maiskolben
2 Eier (Größe M)
200 g Mehl (Weizen- oder Dinkelmehl)
Salz

Für das Topping:

4 rote Zwiebeln
200 g durchwachsener Speck
1 EL Butter
3 kleine Bio-Äpfel (z. B. Gala, die sind nicht zu groß und schön rot)
schwarzer Pfeffer aus der Mühle
½ TL Chili

1. Die frischen Maiskolben von Hüllblättern und Haaren, dem sogenannten Maisbart, befreien, gründlich waschen und trocken reiben.

2. Die Kolben grob in eine Schüssel reiben, bis nur noch der helle Strunk übrig ist.

3. Zu der geriebenen Maismasse Eier und nach und nach Mehl hinzufügen. Gründlich verrühren, bis ein nicht zu flüssiger Teig entsteht, der zäh vom Löffel tropft. Mit etwas Salz abschmecken.

4. Den Kontaktgrill auf mittlere Temperatur vorheizen.

5. Für das Topping Zwiebeln in Scheiben schneiden, Speck würfeln und in einer Pfanne in etwas Butter glasig dünsten.

6. Die Äpfel waschen, trocken reiben, Kerngehäuse entfernen und achteln. Die Apfelstücke ca. 1 Minute lang grillen, sie sollen noch Biss haben. Die Äpfel kurz in die Pfanne zu Speck und Zwiebeln geben und vermengen. Mit Salz, Pfeffer und etwas Chili würzen.

7. Mit einem großen Löffel zwei Portionen der Teigmasse nebeneinander auf die Grillfläche setzen und etwas verteilen. Für ca. 2 Minuten goldbraun grillen.

8. Eine Portion vom Topping auf jeden Pancake geben. Wer mag, verfeinert noch mit Crème fraîche und frischen Kräutern.

Für Vegetarier: Speck weglassen und ganz zum Schluss gewürfelten Ziegenkäse, z. B. Ziegengouda oder Tomme de Chèvre, zum Topping geben.

Bruschetta mit Erdbeeren

Ich bin so wild nach deinem Erdbeer... brot!
Also gut drauf aufpassen!

4 PERSONEN • ZUBEREITUNGSZEIT: 15 MINUTEN

ZUTATEN

1 Ciabattabrot (350 g)
400 g Erdbeeren
1 TL Zucker
1 TL Balsamicoessig
3 Stängel Basilikum
50 g Pistazien mit Schale,
   gesalzen
2 Pck. Ziegenfrischkäse
   (à 150 g)
Salz
schwarzer Pfeffer aus
   der Mühle
2 EL Olivenöl

1. Kontaktgrill auf höchste Stufe vorheizen.

2. Ciabatta in schräge, ca. 2 cm dicke Scheiben schneiden.

3. Die Erdbeeren putzen, waschen, trocken tupfen und nicht zu klein würfeln. In eine Schüssel geben und mit Zucker und Balsamico vermischen.

4. Basilikum waschen, trocken schütteln und in grobe Streifen schneiden.

5. Die Brotscheiben ca. 6 Minuten lang grillen.

6. Währenddessen die Schalen von den Pistazien entfernen und die Kerne grob hacken.

7. Einen großen Klacks Ziegenfrischkäse mit einem Löffel auf die gerösteten Brotscheiben geben und mit dem Löffelrücken verstreichen.

8. Die Erdbeerstücke auf den Frischkäse geben und mit Pistazien, Basilikum, Salz und Pfeffer bestreuen.

9. Mit Olivenöl beträufeln und genießen.

Typisch italienisches Ciabattabrot wird mit Olivenöl gebacken. Mittlerweile gibt es diverse Ciabattasorten im Handel. Hierzu passt z. B. auch eines mit Walnüssen.

Snacks

Pimiento-Bacon-Pintxos

Caramba! Diese kleinen Schoten sehen in ihren verführerisch-duftenden Speckmäntelchen zwar recht harmlos aus, haben aber richtig Schmackes.

4 PERSONEN • ZUBEREITUNGSZEIT: 10 MINUTEN

ZUTATEN

200 g Pimientos
100 g Bacon
Fleur de Sel
   (Meersalzflocken)
schwarzer Pfeffer aus
   der Mühle

1. Pimientos waschen und trocken reiben.
2. Baconscheiben quer halbieren.
3. Kontaktgrill auf mittlere Temperatur vorheizen.
4. Jeweils ½ Scheibe Bacon um eine Pimientoschote wickeln.
5. Ca. 5 Minuten grillen, bis der Bacon knusprig ist.
6. Mit Salz und grobem Pfeffer bestreuen und heiß servieren.

Wem Pimientos noch zu »Mädchen« sind, nimmt extra-scharfe Jalapeños oder die höllischen Habaneroschoten.

Pikante Maiskolben Texmex-Style

Legen Sie lieber gleich einige Maiskolben mehr auf den Grill,
denn bei diesem leckeren Rezept wird garantiert jeder in
kürzester Zeit zum begeisterten Kolbenfresser.

4 PERSONEN • ZUBEREITUNGSZEIT: 15 MINUTEN

ZUTATEN

4 vorgekochte Maiskolben
½ Bund Koriander
50 g Parmesan
60 g Mayonnaise
60 g Crème fraîche
Salz
schwarzer Pfeffer aus
   der Mühle
½ TL Chilipulver
1 Limette

1. Den Kontaktgrill auf mittlere Temperatur vorheizen.

2. Die Maiskolben ca. 5 Minuten grillen, bis sie gut
gebräunt sind.

3. In der Zwischenzeit Koriander waschen, trocknen,
Blätter abzupfen und hacken.

4. Parmesankäse reiben.

5. Mayonnaise, Crème fraîche und die Hälfte des
Korianders zu einer Creme verrühren.

6. Die fertig gegrillten Maiskolben mit der Creme
bestreichen. Mit Parmesan, dem verbliebenen
Koriander, Salz, Pfeffer und Chilipulver bestreuen.

7. Die Limette vierteln. Wer mag, träufelt den frischen Saft
über seinen Maiskolben.

Wer Muße hat, kann natürlich auch frische Maiskolben
selbst vorkochen. Die Zubereitungszeit verlängert sich
entsprechend.

Avocados mit Tomaten-Mango-Salsa

Der Name Avocado leitet sich von dem Indiowort »ahuacatl« her, was so viel heißt wie ... tja – äh, umschreiben wir es mal so: Die meisten Männer haben zwei davon und tragen sie in kleinen, mehr oder weniger knittrigen Beutelchen mit sich herum!

4 PERSONEN • ZUBEREITUNGSZEIT: 15 MINUTEN

ZUTATEN

4 Avocados

Für die Salsa:

250 g Cherrytomaten
1 Mango
4 Stiele Koriander
½ kleine rote Zwiebel
Saft von einer ½ Zitrone
2 EL Olivenöl
Salz
schwarzer Pfeffer aus
   der Mühle

1. Für die Salsa die Tomaten waschen, trocknen, in kleine Würfel schneiden und in eine Schüssel geben.

2. Die Mango schälen, das Fruchtfleisch vom Kern lösen und würfeln. Koriander waschen, trocknen und mit den Stielen hacken. Die Zwiebel fein würfeln.

3. Alles zu den Tomaten in die Schüssel geben, mit Zitronensaft und Olivenöl beträufeln und mit Salz und Pfeffer abschmecken.

4. Den Kontaktgrill auf mittlere Temperatur vorheizen.

5. Die Avocados halbieren (siehe Tipp!), leicht salzen und mit der Schnittseite nach unten für ca. 4 Minuten grillen.

6. Die Avocadohälften mit der Salsa füllen und servieren.

In englischen Krankenhäusern gibt es den Begriff »Avocado hand«, denn viele Menschen verletzen sich offenbar beim unsachgemäßen Aufschneiden. So geht's garantiert ohne Pflaster: Tief einatmen! Avocado an einer Seite einschneiden und die Schneide des Messers vorsichtig bis zum Kern durchdrücken. Einmal ganz um den Kern herumschneiden, das Messer beiseitelegen, beide Avocadohälften gegeneinanderdrehen und auseinanderziehen. Erleichtert ausatmen!

Köfte am Rosmarinzweig mit Schafskäse und Pistazien

Fingerfood vom Feinsten für alle, die ihre Frikadellen schön durchwachsen lieben. Warum das Besteck daneben rumliegt? Schicke Deko!

4 PERSONEN • ZUBEREITUNGSZEIT: 25 MINUTEN • KÜHLZEIT: 1 STUNDE

ZUTATEN

500 g gemischtes Hack
  (Lamm und Rind/Kalb)
1 TL Kumin
1 TL Paprikapulver
1 Prise Zimt
½ TL getr. Thymian
1 Ei (Größe L)
1 mittelgroße rote Zwiebel
1 Knoblauchzehe
2 Scheiben Weißbrot
100 g Pistazien mit Schale,
  ungesalzen
100 g Schafskäse
Salz
schwarzer Pfeffer aus
  der Mühle
8 Rosmarinzweige

Für den Joghurtdip:

200 g griechischer Joghurt
2 Stiele Koriander
2 Stiele Minze
1 Bio-Limette
Salz

1. Das Hackfleisch mit Gewürzen und dem Ei in eine Schüssel geben.

2. Zwiebel und Knoblauch schälen und fein hacken.

3. Weißbrot entrinden und würfeln.

4. Die Pistazienschalen entfernen, die Kerne grob hacken und in die Schüssel geben. Etwas zum Dekorieren beiseitelegen.

5. Alles mit den Händen gut verkneten.

6. Schafskäse würfeln und vorsichtig untermischen.

7. Die Hackmasse mit Salz und Pfeffer abschmecken und für ca. eine Stunde zugedeckt in den Kühlschrank stellen.

8. In der Zwischenzeit den Joghurtdip vorbereiten. Dazu Joghurt in eine Schüssel geben.

9. Koriander und Minze waschen und trocknen. Blätter von den Stielen zupfen, fein hacken und zum Joghurt geben.

10. Die Limette heiß abspülen und abtrocknen. Die Schale grob abreiben, etwas davon zum Garnieren beiseitelegen. Die übrige Limettenschale in den Joghurt rühren. Mit Salz abschmecken.

11. Den Kontaktgrill auf mittlere Temperatur vorheizen.

12. 8 Hackbällchen rollen und um die Rosmarinzweige formen. Für ca. 5 Minuten grillen. Mit den übrigen Pistazien dekorieren und mit dem Joghurtdip servieren.

Durch seinen leicht harzig-bitteren Geschmack harmoniert Rosmarin hervorragend mit vielen deftigen Gerichten.

Gegrillter Camembert mit Kräutern

Keine Angst, das Fesseln von französischem Weichkäse fällt noch
nicht unter Artikel 3 der Europäischen Menschenrechtskonvention.
Also vite vite, bevor er zu laufen anfängt.

· ·

4 PERSONEN • ZUBEREITUNGSZEIT: 15 MINUTEN

· ·

ZUTATEN

4 kleine Camemberts
12 Lorbeerblätter
8 Zweige Thymian
1–2 EL Olivenöl

Zubehör: Küchengarn

1. Jeden Camembert mit je 3 Lorbeerblättern und
   2 Thymianzweigen belegen.

2. Den Käse mit Küchengarn zusammenbinden, um die
   Kräuter zu fixieren.

3. Den Kontaktgrill auf mittlere Temperatur vorheizen.

4. Kräuter mit Olivenöl bepinseln und die Päckchen
   ca. 4 Minuten lang grillen, bis der Käse zu schmelzen
   beginnt.

Wer es französisch-ländlich mag, reicht dazu Blattsalat,
geröstetes Pain de Campagne und natürlich ein schönes
Glas Rotwein.

Pikante Grillsticks

Es muss ja nicht immer Schaschlik sein! Bunte Spießchen sind und bleiben die spitzesten Waffen im Kampf gegen langweilige Grillpartys.

4 PERSONEN • ZUBEREITUNGSZEIT: 15 MINUTEN

ZUTATEN

150 g Chorizo
1 große Mango
1 große rote Paprikaschote
1 Pck. Halloumi (Grillkäse, 225 g)
1 EL frische Minzblätter
Salz
schwarzer Pfeffer aus der Mühle
Chiliflocken

Zubehör: 8 Holzspieße

1. Chorizo in ca. 0,5 cm dicke Scheiben schneiden.

2. Die Mango schälen, Fruchtfleisch vom Kern schneiden und würfeln.

3. Paprika waschen, längs vierteln, entkernen und in ca. 3 cm breite Stücke schneiden.

4. Halloumi ebenfalls ähnlich groß würfeln.

5. Kontaktgrill auf mittlere Temperatur vorheizen.

6. Alle Zutaten abwechselnd auf die Holzspieße stecken und ca. 5 Minuten grillen.

7. Minzblätter waschen, trocknen und hacken.

8. Die fertig gegrillten Spieße mit Salz, Pfeffer, Minze und nach Belieben mit Chiliflocken bestreuen.

Chorizo ist eine kräftig gewürzte rote Wurst aus Portugal oder Spanien. Schmeckt toll und sieht auch so aus.

Mediterrane Auberginenröllchen

Beim Braten neigen Auberginen dazu, wie durstige kleine Schwämme sehr viel Fett aufzusaugen, hier aber bekommen sie nur einen Hauch Olivenöl. Auberlecker!

4 PERSONEN • ZUBEREITUNGSZEIT: 30 MINUTEN

ZUTATEN

2 große Auberginen
3 EL Olivenöl

Für die Füllung:

250 g Feta (Schafskäse)
1 Bund Minze
1 rote Chilischote
1 Bio-Zitrone
schwarzer Pfeffer aus
    der Mühle
1 TL rosa Pfeffer

1. Die Auberginen der Länge nach in ca. 0,5 cm dicke Scheiben schneiden.

2. Den Kontaktgrill auf mittlere Hitze vorheizen.

3. Die Auberginenscheiben dünn mit 2 EL des Olivenöls bepinseln und ca. 5 Minuten grillen.

4. Für die Füllung den Feta in eine Schüssel geben und mit einer Gabel zerdrücken.

5. Minze waschen, trocknen, die Blätter abzupfen und hacken.

6. Die Chilischote waschen und fein hacken.

7. Die Bio-Zitrone heiß abspülen, abtrocknen und die Schale mit einer Reibe abreiben. Den Zitronenabrieb zusammen mit Minze, Chili und 1 EL Olivenöl zum Schafskäse geben.

8. Zitrone auspressen, den Saft zur Fetamasse geben und alles gut vermischen. Nach Belieben mit schwarzem Pfeffer abschmecken.

9. Die fertig gegrillten Auberginen auf ein Brett legen. Auf ein Ende jeder Scheibe ca. 1 EL der Füllung geben und die Auberginenscheiben gleichmäßig aufrollen. Rosa Pfefferkörner grob zerdrücken, über die Röllchen streuen und servieren.

Schafskäse ist ein sogenannter Salzlakenkäse. Deshalb muss hier nicht noch zusätzlich gesalzen werden.

Kochbanane mit Cheddarkäse

**Sieht auf den ersten Blick vielleicht etwas unheimlich aus.
Schmeckt aber tatsächlich unheimlich gut.**

FÜR 4 PERSONEN • ZUBEREITUNGSZEIT: 10 MINUTEN

ZUTATEN

4 reife Kochbananen
150 g reifer Cheddarkäse
2 EL Srirachasoße
(gibt's im Asialaden)
1 EL Chilifäden

1. Die Kochbananen gründlich waschen und trocken tupfen – sie werden mit der Schale gegrillt.

2. Die Bananenschale mit einem scharfen Messer zwei Mal im Abstand von ca. 1 Zentimeter der Länge nach einschneiden und das längliche Stück Schale dazwischen entfernen.

3. Das helle Fruchtfleisch der Bananen ebenfalls über die ganze Länge hinweg etwa 2 cm tief einschneiden und den Schlitz mit den Fingern etwas aufspreizen, um Platz für den Käse zu machen.

4. Den Kontaktgrill auf mittlere Temperatur vorheizen.

5. Cheddarkäse grob reiben und dann großzügig in den offenen Schlitz in jeder Banane füllen. Da der Käse beim Grillen schmilzt, verringert sich sein Volumen beträchtlich.

6. Die Bananen ca. 2–3 Minuten lang grillen.

7. Scharfe Srirachasoße über die Bananen träufeln, mit Chilifäden bestreuen und direkt aus der Schale löffeln … oder gabeln!

Eine Kochbanane ist dann richtig reif, wenn ihre Schale schwarz ist. Sie kann aber auch schon im unreifen Zustand verarbeitet werden, sie ist dann weniger süß. In Afrika- oder Asialäden zahlt man übrigens meist erheblich weniger dafür als im Supermarkt.

Gegrillte Edamame

Jedes Böhnchen gibt ein Tönchen?
Ja, und zwar das: Mmmmmh!

FÜR 4 PERSONEN • ZUBEREITUNGSZEIT: 20 MINUTEN

ZUTATEN

500 g Edamame
(TK, gibt's im Asialaden)
1 EL geröstete Sesamsaat
(gibt's fertig im Handel)
1 TL geröstetes Sesamöl
1 ½ TL Meersalz
2 TL Chiliflocken

1. 2 l Salzwasser in einem Topf zum Kochen bringen.

2. Die gefrorenen Edamameschoten hineingeben und ca. 5 Minuten sprudelnd kochen.

3. Den Kontaktgrill auf höchste Temperatur vorheizen.

4. Die Edamame in ein Sieb abgießen und mit kaltem Wasser kurz abschrecken.

5. In einer Schüssel Sesamsaat, Sesamöl, Meersalz und Chiliflocken vermischen.

6. Die gekochten Schoten ca. 6 Minuten grillen.

7. Die grillten Schoten in die Schüssel mit der Würzmischung geben, vermischen und warm servieren.

Edamame sind unreif geerntete Sojabohnen. Sie schmecken von Natur aus süß-nussig und durch das Grillen erhalten sie zusätzlich ein schönes Röstaroma. Die weichen Bohnen werden entweder mit den Fingern aus den Hülsen gedrückt oder besser: mit dem Mund rausgezuzelt, also rausgezogen. Gesünder knabbern geht nicht!

Tofusticks mit pfeffriger Misoglasur

**JA, PANISCH muss jetzt keiner werden, denn die Zubereitung
dieser veganen Köstlichkeit ist ein echtes Kinderspiel!**

4 PERSONEN • ZUBEREITUNGSZEIT: 15 MINUTEN

ZUTATEN

300 g Bio-Tofu Natur

Zubehör: 8 Holzspieße

Für die Misoglasur:

6 EL helle Misopaste (gibt's
  im Asia- und Bioläden)

2 EL Sojasoße

1,5 EL geröstetes Sesamöl

12 EL Ahornsirup

1 TL Salz

2 EL Reisessig

2 daumengroße Stücke
  Ingwer

1 Frühlingszwiebel

1 EL schwarze
  Pfefferkörner

1 EL geröstete
  Sesamsamen (gibt's
  fertig im Handel)

1. Tofu in ca. 1,5 cm dicke Rechtecke schneiden und auf 8 Spieße verteilen.

2. Für die Glasur Misopaste, Sojasoße, Sesamöl, Ahornsirup, Salz und Reisessig in einer Schüssel verrühren.

3. Ingwer schälen, fein reiben und darunterrühren.

4. Kontaktgrill auf mittlere Temperatur vorheizen.

5. Tofusticks beidseitig mit Misoglasur bestreichen.

6. Pfefferkörner in einem Mörser nicht zu fein zerstoßen.

7. Die Frühlingszwiebel waschen, putzen und in feine Ringe schneiden.

8. Die Tofusticks ca. 2 Minuten grillen. Nochmals mit Glasur bestreichen.

9. Mit dem groben Pfeffer, Frühlingszwiebeln und Sesam bestreuen. Restliche Glasur als Dip dazu servieren.

Misopaste wird in vielen traditionellen japanischen Gerichten verwendet, z. B. in der bekannten Misosuppe. Miso besteht hauptsächlich aus fermentierten Sojabohnen mit Reis oder Gerste.

Salate

Tomaten-Orangen-Salat mit Halloumi

Als feste Variante des Mozzarellas bewahrt der Halloumikäse auch dann noch seine Form, wenn es richtig heiß hergeht. Das Quietschen ist übrigens ein Markenzeichen des Halloumi und auch einige Tropfen Öl ändern daran nichts.

. . . .
4 PERSONEN • ZUBEREITUNGSZEIT: 20 MINUTEN
. . . .

ZUTATEN

750 g reife Tomaten, möglichst eine Mischung aus unterschiedlichen Sorten, Größen und Farben

3 Blutorangen, davon 1 Orange in Bio-Qualität

1 Packung Halloumikäse (250 g)

Für das Dressing:

4 EL Olivenöl

Salz

schwarzer Pfeffer aus der Mühle

1. Die grünen Stielansätze der Tomaten entfernen. Tomaten waschen und gut abtropfen lassen.

2. Die Bio-Orange heiß abspülen und trocken reiben. Die Schale mit einem Zestenreißer in dünnen Streifen abziehen. Alternativ die Orangenschale mit einem Sparschäler dünn abschälen und in feine Streifen schneiden.

3. Von allen Orangen die Schale restlos mit einem scharfen Messer so herunterschneiden, dass auch die weiße Zwischenhaut vollständig entfernt ist. Die geschälten Orangen horizontal in dünne Scheiben schneiden (filetieren). Den dabei austretenden Orangensaft (mind. 2 EL) auffangen.

4. Die Tomaten- und Orangenscheiben abwechselnd auf Tellern anrichten.

5. Den Kontaktgrill auf mittlere Temperatur vorheizen.

6. Für das Dressing den aufgefangenen Orangensaft mit 4 EL Olivenöl, Salz und Pfeffer verrühren.

7. Den Halloumikäse in ca. 1 cm dicke Scheiben schneiden. Wer es hübsch rund mag, sticht mit einem Ausstecher ca. 4 cm große Kreise aus dem Halloumi. Den Käse ca. 5 Minuten lang goldbraun grillen und auf dem Salat verteilen.

8. Dressing über den Salat träufeln und die feinen Orangenschalenstreifen darüberstreuen.

Halloumikäse (auch Challúmi, Halumi oder schlicht Grillkäse) ist bereits von sich aus recht salzig und die Intensität verstärkt sich noch etwas beim Grillen.

Spitzkohlsalat mit gegrilltem Leberkäse

»Was? Leberkäse enthält überhaupt keine Leber?« »Stimmt, aber nur in Bayern. Außerhalb Bayerns muss Leber drin sein, sonst wäre ja die Bezeichnung irreführend. Außer es ist ein ›Bayrischer Leberkäse‹, dann muss er keine Leber enthalten. Alles klar? Nein? Wurst, Hauptsache, es schmeckt!«

4 PERSONEN • ZUBEREITUNGSZEIT: 25 MINUTEN

ZUTATEN

600 g Spitzkohl
2 Möhren
2 säuerliche Äpfel
1 Beet Kresse
3 EL Mayonnaise
4 EL Skyr oder
  Naturjoghurt
2 EL Apfelessig
3 TL geriebener Meer-
  rettich aus dem Glas
1 TL Honig
Salz
schwarzer Pfeffer aus
  der Mühle
1 Scheibe Leberkäse (300 g)

1. Spitzkohlblätter waschen, abtropfen lassen, in feine Streifen schneiden und in eine Schüssel geben.

2. Möhren schälen und mit einem Gemüsehobel längs in dünne Scheiben hobeln. Die Scheiben mit einem Messer noch einmal in dünne Stifte schneiden.

3. Äpfel waschen, vierteln und das Kerngehäuse entfernen. Apfelstücke in dünne Scheiben schneiden.

4. Kresse mit einer Schere abschneiden, zusammen mit Möhren und Äpfeln zum Spitzkohl geben.

5. Mayonnaise, Skyr oder Joghurt, Essig, Meerrettich und Honig mit dem Spitzkohl vermischen, mit Salz und Pfeffer abschmecken.

6. Den Kontaktgrill auf mittlere Temperatur vorheizen.

7. Leberkäse ca. 4 Minuten grillen, in feine Streifen schneiden und unter den Salat mischen.

Ein Leberkäse enthält natürlich auch keinen Käse, weder in Bayern noch irgendwo sonst. Nur seine Form erinnert an einen Käselaib.

Topinambursalat mit Bacon

Der Name Topinambur leitet sich von dem stolzen Indiostamm der Tupinambá ab.
Der Überlieferung nach waren sie Menschenfresser – und offenbar auch kleine
Leckermäulchen. Den feinen, artischockenartigen Geschmack der Tompinambur-
knollen mit geräuchertem Speck zu kombinieren, war sicherlich ihre Idee.

4 PERSONEN • ZUBEREITUNGSZEIT: 45 MINUTEN

ZUTATEN

100 g Bacon
500 g Topinambur
2 EL ganze Haselnüsse,
   gehäutet
250 g Feldsalat
3 Stängel Estragon

Für die Marinade:

2 EL milder Apfelessig
1 TL Dijonsenf
2 TL Ahornsirup
6 EL Rapsöl
Salz
schwarzer Pfeffer aus
   der Mühle

1. Den Kontaktgrill auf mittlere Hitze vorheizen und den Bacon kurz knusprig grillen.

2. Bacon auf Küchenpapier abkühlen lassen und etwas kleiner rupfen.

3. Die Topinamburknollen schälen und in ca. 0,5 cm dicke Scheiben schneiden.

4. Topinambur ca. 3–4 Minuten goldbraun grillen.

5. Haselnüsse grob hacken.

6. Feldsalat und Estragon waschen und trocken schleudern. Estragon hacken.

7. Für die Marinade Essig, Senf, Ahornsirup, Öl, Salz und Pfeffer in ein Schraubglas geben und gut schütteln.

8. Feldsalat, Topinambur und zuletzt den Bacon auf einer Platte anrichten. Nüsse und Estragon darüberstreuen. Zum Abschluss die Marinade in Klecksen auf dem Salat verteilen und mit frisch gegrilltem Brot servieren.

Die Farbe der Topinamburknollen reicht von rötlich
bis beige-braun. Je heller die Farbe, desto feiner ihr
Geschmack.

Warmer Fenchelsalat mit Burrata und Kapern

Fenchel ist das ultimative Amoreprogramm für alle, die ihren Körper ganz doll lieb haben: kalorienarm, reich an Ballaststoffen, Mineralien, Vitaminen, sekundären Pflanzenstoffen, ätherischen Ölen und und und. Die Italiener essen ihren Finocchio aber vor allem, weil er so molto bene schmeckt.

4 PERSONEN • ZUBEREITUNGSZEIT: 30 MINUTEN

ZUTATEN

4 Fenchelknollen
Fleur de Sel (Salzflocken)
2 EL Olivenöl
1 Kugel Burrata
2 EL Kapern (in Salzlake)

1. Die Stiele von den Fenchelknollen abschneiden. Knollen waschen und längs in ca. 0,7 cm dicke Scheiben schneiden. Sie sollen noch durch den Strunk zusammengehalten werden.

2. Das zarte Fenchelgrün hacken.

3. Kontaktgrill auf höchste Temperatur vorheizen.

4. Die Fenchelscheiben in mehreren Durchgängen je ca. 5 Minuten grillen. Nicht übergaren, das Gemüse soll noch Biss haben.

5. Das Grillgemüse auf einer Servierplatte auslegen, salzen und mit Olivenöl besprenkeln.

6. Burrata mit den Händen zerpflücken und über das Gemüse geben.

7. Zuletzt die Kapern und das geschnittene Fenchelgrün darüberstreuen.

Frische Fenchelknollen sind weiß, haben keine Druckstellen und das zarte Fenchelgrün darf nicht welk aussehen, sondern sollte knackig grün sein.

Fleisch

Hähnchenspieße mit Kokos-Gurken-Salat

Diese ultimative Thaimassage verwöhnt garantiert jeden Gaumen.

4 PERSONEN • ZUBEREITUNGSZEIT: 40 MINUTEN

ZUTATEN

500 g Hähnchenbrustfilet
2 Frühlingszwiebeln
2 Knoblauchzehen
1 daumengroßes Stück
 frischer Ingwer
3 Kaffirlimettenblätter
 (TK oder frisch im
 Asialaden)
1 Bund Koriander
1 Ei (Größe L)
1 TL brauner Zucker
3 EL Fischsoße
 (gibt's im Asialaden)
30 g Panko (asiatisches
 Paniermehl, gibt's im
 Asialaden)
8 Zitronengrasstängel
 (gibt's im Asialaden)

Für den Salat

1 Salatgurke
1 Limette
50 ml Kokosmilch
1 EL helle Sojasoße
1 TL brauner Zucker
1 rote Chilischote

1. Die Hähnchenbrustfilets mit einem scharfen Messer fein hacken.

2. Frühlingszwiebeln putzen, Knoblauch und Ingwer schälen und alles fein hacken.

3. Kaffirlimettenblätter mit einem scharfen Messer in sehr feine Streifen schneiden.

4. Koriander waschen, trocken schütteln, Blätter abzupfen und hacken. Die Hälfte des Korianders für den Salat beiseitelegen.

5. Frühlingszwiebeln, Knoblauch, Ingwer, Limettenblätter und die Hälfte des Korianders mit dem Fleisch in eine Schüssel füllen.

6. Ei, Zucker, Fischsoße und Panko hinzufügen, alles vermengen.

7. Die äußere Schicht der Zitronengrasstängel entfernen. Zitronengras der Länge nach halbieren, die Stängel sollen am unteren Ende noch zusammenhängen. Von oben auf ca. 13 cm kürzen.

8. Den Kontaktgrill auf mittlere Temperatur vorheizen.

9. Aus dem Hähnchenhack 16 kleine Bällchen rollen, um je 1 Zitronengrasstängel formen und für ca. 4 Minuten grillen.

10. Für den Salat Gurke schälen, quer halbieren und mit dem Gemüsehobel in sehr dünne Scheiben hobeln.

11. Limettensaft auspressen und zusammen mit Kokosmilch, Sojasoße und Zucker verrühren und über die Gurkenscheiben träufeln.

12. Chili waschen und fein hacken, zusammen mit dem restlichen Koriander über den Gurkensalat streuen.

Ein Klacks grüne Wasabipaste
passt gut dazu. Aber Obacht,
er sieht nicht nur scharf aus,
er ist es auch.

Minutenrouladen mit grünem Spargel

Auf dem Kontaktgrill wird das Rouladenmachen jetzt rekordverdächtig beschleunigt. Die Hitze kommt schließlich von oben und von unten, also schon mal die Stoppuhr bereithalten!

4 PERSONEN • ZUBEREITUNGSZEIT: 20 MINUTEN

ZUTATEN

500 g dünne grüne
  Spargelstangen
4 Minutensteaks vom Rind
Salz
schwarzer Pfeffer aus
  der Mühle
4 EL Honigsenf
4 EL Frischkäse
8 EL geriebener
  mittelalter Gouda

Zubehör: 4 Zahnstocher
  aus Holz

1. 2 l Salzwasser in einem Topf zum Kochen bringen.

2. In der Zwischenzeit Spargel waschen, die Enden wenn nötig schälen.

3. Den Spargel ca. 3 Minuten kochen, in ein Sieb geben und mit kaltem Wasser abschrecken.

4. Den Kontaktgrill auf höchste Temperatur vorheizen.

5. Die Minutensteaks mit Küchenpapier trocken tupfen. Auf beiden Seiten salzen und pfeffern. Jeweils die obere Seite der Steaks nacheinander mit je 1 EL Honigsenf und 1 EL Frischkäse bestreichen und mit geriebenem Gouda bestreuen.

6. Die Spargelstangen auf die 4 Steaks verteilen, das Fleisch aufrollen, die überlappenden Enden mit einem Zahnstocher fixieren und ca. 1 Minute lang grillen.

Sollte es saisonal bedingt keinen grünen Spargel geben – die Rouladen schmecken auch sehr fein mit jungen Frühlingszwiebeln.

Gegrilltes Stubenküken mit Asiadressing

Aus Respekt vor dem frühen Dahinscheiden eines so jungen Geschöpfes sollte man sich bei der Zubereitung dieser zarten Geflügeldelikatesse ganz besondere Mühe geben. Es lohnt sich.

4 PERSONEN • ZUBEREITUNGSZEIT: 30 MINUTEN

ZUTATEN

2 Stubenküken
Salz
1 EL Sojasoße
1 TL Honig
1 TL Pflanzenöl

Für den Dip:

3 Limetten
50 ml Fischsoße
   (gibt's im Asialaden)
1 EL brauner Zucker
1 rote Peperonischote
1 orange Peperonischote
1 Knoblauchzehe
½ Bund Koriander

1. Die Stubenküken von innen und außen unter fließend kaltem Wasser abspülen und mit Küchenpapier trocken tupfen.

2. Jeweils entlang der Wirbelsäule mit einer Geflügel- oder Haushaltsschere aufschneiden und auseinanderklappen. Vorder- und Rückseite salzen.

3. Den Kontaktgrill auf mittlere Temperatur vorheizen.

4. Sojasoße, Honig und Öl verrühren und die Küken beidseitig damit bestreichen.

5. Ca. 15–20 Minuten grillen.

6. Für den Dip 2 Limetten halbieren und auspressen. Den Saft zusammen mit Fischsoße und Zucker in einer Schale verrühren, bis sich der Zucker vollständig aufgelöst hat.

7. Peperonischoten waschen, vom Stiel befreien und längs aufschneiden. Trennhäutchen und Samen mit einem Messer entfernen.

8. Die Knoblauchzehe schälen. Korianderblätter waschen und trocknen. Zusammen mit den beiden Peperonischoten fein hacken, zum Dip in die Schüssel geben und verrühren.

Wer es gern schärfer mag, ersetzt die Peperonischoten durch Chilischoten. Dazu passt duftender Jasminreis als Beilage.

Marinierte Hähnchenspieße

Ni Hao und hau rein!
Nach dem Jahr der Ziege, des Affen und des Tigers wird es im
chinesischen Kalender endlich auch mal Zeit für das Jahr des Hähnchens.

. . . .
4 PERSONEN • ZUBEREITUNGSZEIT: 20 MINUTEN
. . . .

ZUTATEN

500 g Hähnchenbrustfilet

Für die Soße:

60 ml Sojasoße
30 g brauner Zucker
1 TL mittelscharfer Senf
1 TL chinesisches Fünf-
  Gewürze-Pulver
schwarzer Pfeffer aus
  der Mühle
2 Knoblauchzehen
1 daumengroßes Stück
  Ingwer

Zubehör: 8 Holzspieße

1. Hähnchenbrustfilet in Würfel schneiden.

2. Für die Soße Sojasoße, Zucker, Senf, Fünf-Gewürze-Pulver und Pfeffer in eine Schüssel geben. Knoblauch schälen und durch eine Knoblauchpresse dazudrücken. Ingwer schälen, reiben, zu den übrigen Zutaten in die Schüssel geben und gut verrühren.

3. Hähnchenfleisch in der Hälfte der Soße kurz marinieren.

4. Kontaktgrill auf mittlere Temperatur vorheizen.

5. Hähnchenwürfel auf Spieße stecken und ca. 5 Minuten grillen.

6. Zusammen mit der verbliebenen Hälfte der Soße servieren.

Wenn die Zeit es erlaubt, das Hähnchenfleisch 3–4 Stunden zugedeckt im Kühlschrank marinieren lassen – dann schmeckt es noch intensiver. Wenn man die Holzspieße leicht einölt, lassen sich die gegrillten Fleischstücke leichter vom Spieß lösen.

Westernsteak mit Horseradish-Sauce

Dass ein anständiges Steak erst unterm Pferdesattel weich geritten werden muss, bevor Cowboy/Cowgirl es auf den Präriegrill schmeißt, ist natürlich Westernlatein. Aber egal ob Sie es gerne »rare« oder lieber »well done« mögen, das Fleisch sollte tatsächlich gut abgehangen sein, um sein volles Aroma zu entwickeln.

4 PERSONEN • ZUBEREITUNGSZEIT: 20 MINUTEN

ZUTATEN

4 Ribeyesteaks, 3 cm dick geschnitten, je ca. 300–350 g

1 EL schwarze Pfefferkörner

1 EL ganze Kaffeebohnen (gibt's auch entkoffeiniert)

2 TL Salzflocken mit Raucharoma

Für die Soße:

2 Frühlingszwiebeln

1 Knoblauchzehe

2 Sardellen

100 g Butter

2 EL Dijonsenf

3 TL Tafelmeerrettich aus dem Glas (engl. Horseradish)

Fleur de Sel (Salzflocken)

schwarzer Pfeffer aus der Mühle

1. Steaks rechtzeitig aus dem Kühlschrank nehmen, damit sie Zimmertemperatur annehmen können.

2. Den Kontaktgrill auf höchste Temperatur vorheizen.

3. Für die Soße Frühlingszwiebeln waschen, putzen und hacken. Knoblauch schälen und sehr fein hacken.

4. Sardellen bei niedriger Temperatur in einem Butterpfännchen erhitzen, bis sie sich aufgelöst haben.

5. Butter dazugeben und erhitzen, bis sie gerade eben geschmolzen ist.

6. Senf, Meerrettich, Frühlingszwiebeln und Knoblauch unterrühren. Mit Salz und Pfeffer abschmecken und beiseitestellen.

7. Steaks ca. 3 Minuten grillen und danach einige Minuten ruhen lassen.

8. In der Zwischenzeit Pfefferkörner und Kaffeebohnen grob im Mörser zerstoßen.

9. Die Steaks mit der Pfeffer-Kaffeebohnen-Mischung und Salzflocken bestreuen.

10. Die Soße noch einmal durchrühren und zu den Steaks servieren. Dazu passen z. B. Süßkartoffel-Wedges oder Baked Potatoes.

Beim Fleischeinkauf auf gute Qualität achten. Am besten bei einem Metzger Ihres Vertrauens, der Herkunftsnachweise vorlegen und fachkundig beraten kann.

Gefüllte Portobellopilze

Die machen süchtig! So einfach werden aus Monster Mushrooms im Handumdrehen völlig legale Magic Mushrooms.

....

4 PERSONEN • ZUBEREITUNGSZEIT: 20 MINUTEN

....

ZUTATEN

4 große Portobellopilze
2 italienische Fenchel-
  bratwürste (à 120 g)
200 g Blattspinat
  (TK, aufgetaut)
1 Kugel Mozzarella
½ Bund Basilikum
2 EL Frischkäse
2 Prisen Muskat
schwarzer Pfeffer aus
  der Mühle

1. Pilze mit einem Küchentuch abreiben. Stiele und die schwarzen Lamellen entfernen.

2. Das Wurstbrät aus der Haut drücken und in eine Schüssel geben.

3. Den Blattspinat gut ausdrücken, hacken und in die Schüssel füllen.

4. Den Kontaktgrill auf mittlere Temperatur vorheizen.

5. Mozzarella fein würfeln.

6. Basilikum waschen, trocken schleudern, Blätter abzupfen und in feine Streifen schneiden. Ein wenig Basilikum zur Dekoration beiseitelegen.

7. Mozzarella, Basilikum, Frischkäse, Muskat und Pfeffer mit der Spinat-Wurst-Mischung vermengen.

8. Pilze mit der Unterseite nach oben in den Kontaktgrill legen und leicht salzen. 2 Minuten grillen. Den Grill öffnen und je ¼ der Füllung auf den Pilzen verteilen. Nochmals 4 Minuten grillen.

9. Pilze mit dem übrigen Basilikum bestreuen und servieren.

Portobellopilze sind große Zuchtchampignons, die einen Durchmesser von mehr als 10 cm haben können.

Fisch

Gefüllte Dorade im Weinblatt

Eine Dorade ist der perfekte Fang für alle, die der kulinarischen Herausforderung Seafood eher kritisch gegenüberstehen: wenig Gräten, viel festes weißes Fleisch, nie »fischig« im Geschmack. Meerchenhaft!

4 PERSONEN • ZUBEREITUNGSZEIT: 25 MINUTEN

ZUTATEN

2 küchenfertige Doraden
(à ca. 400 g)
Salz
schwarzer Pfeffer aus
der Mühle
6 Stängel glatte Petersilie
1 Knoblauchzehe
3 EL Olivenöl
6 eingelegte Weinblätter
2 Bio-Zitronen

Zubehör: Küchengarn

1. Die Doraden innen und außen unter fließend kaltem Wasser waschen und mit Küchenpapier trocken tupfen. Innen und außen salzen und pfeffern.

2. Petersilie waschen, trocknen, die Blätter von den Stielen zupfen und hacken.

3. Die Knoblauchzehe schälen und fein hacken.

4. Petersilie mit 2 EL Olivenöl und Knoblauch verrühren. Die Kräuter-Öl-Mischung im Inneren der Fische verteilen.

5. Weinblätter abspülen und abtropfen lassen.

6. Den Kontaktgrill auf mittlere Temperatur vorheizen.

7. Die Bio-Zitronen heiß abspülen, trocken reiben und in dünne Scheiben schneiden. Je 2 bis 3 Zitronenscheiben ins Fischinnere legen.

8. Die Weinblätter um die Fische legen, je 2 Zitronenscheiben obenauf geben, die Doraden mit Küchengarn umwickeln und mit dem verbleibenden Olivenöl bestreichen.

9. Ca. 10 Minuten grillen.

Doraden (auf Deutsch: Goldbrassen) werden im großen Stil gezüchtet. Um bei Qualität und Umweltverträglichkeit ganz sicherzugehen, am besten nur Fische aus Bio-zertifizierten Aquakulturen kaufen!

Scharfe Shrimps mit Kartoffellocken

Als hätte ein abgedrehter britischer Starfrisör eine
asiatische Fish'n'Chips-Version erfunden. Yum Yum!

4 PERSONEN • ZUBEREITUNGSZEIT: 15 MINUTEN

ZUTATEN

500 g Shrimps mit Schale,
  ohne Kopf, frisch oder
  TK (aufgetaut)
4–5 mittelgroße Kartoffeln
Salz
Pfeffer aus der Mühle

Zubehör: Spiralschneider

Für den Dip:

100 g Mayonnaise
50 g Crème fraîche
50 g Ketchup
1 EL Srirachasoße
  (Chilisoße aus dem
  Asialaden)

1. Schalen bis auf den Schwanz von den Shrimps entfernen. Den Rücken aufschlitzen, um den schwarzen Darm zu entfernen. Shrimps waschen und trocken tupfen.

2. Kartoffeln schälen und mit einem Spiralschneider zu langen Locken drehen. Die Kartoffelspiralen um die Shrimps wickeln.

3. Den Kontaktgrill auf mittlere Temperatur vorheizen.

4. Für den Dip Mayonnaise, Crème fraîche, Ketchup und Srirachasoße in einem Schälchen miteinander verrühren.

5. Die Shrimplocken ca. 3 Minuten grillen.

6. Salzen, pfeffern und zusammen mit dem scharfen Dip als Fingerfood servieren.

Shrimps, Prawns, Gambas, Granate, Krevetten, Hummer-krabben – alles dasselbe.

Smashed Potatoes mit Graved Lachs und Bärlauchschmand

Heiß geliebte Linda, deine Zeit als träge in Bratensoße dahindümpelnde Sättigungsbeilage ist nun endgültig vorbei. Und nur ein bisschen Druck von oben und schon kommen auch deine inneren Werte perfekt zur Geltung.

4 PERSONEN • ZUBEREITUNGSZEIT: 45 MINUTEN

ZUTATEN

8 vorwiegend festkochende Kartoffeln
½ Bund Dill
½ Bund Bärlauch
1 kleine Knoblauchzehe
1 Bio-Zitrone
125 g Frischkäse
125 g Crème fraîche
2 TL Dijonsenf
Salz
schwarzer Pfeffer aus der Mühle
2 EL Olivenöl
200 g Graved Räucherlachs

1. Kartoffeln gründlich waschen. In einen Topf legen, gerade eben mit kaltem Wasser bedecken, gut salzen und zum Kochen bringen. Bei mittlerer Hitze ca. 20 Minuten garen. Kartoffeln abgießen und abkühlen lassen.

2. Dill und Bärlauch waschen und trocknen. Knoblauch schälen. Alles fein hacken und in eine Schüssel geben.

3. Zitrone heiß abspülen und trocken reiben. Schale zu den Kräutern reiben.

4. Frischkäse, Creme fraîche, eine durchgedrückte Knoblauchzehe und Senf dazugeben. Mit Salz und Pfeffer abschmecken.

5. Kontaktgrill auf höchste Stufe vorheizen.

6. Die Kartoffeln auf ein Brett legen und mit einem kleinen Brettchen oder einem anderen flachen Gegenstand vorsichtig platt drücken.

7. In den Kontaktgrill legen und die Oberseite mit Olivenöl bepinseln. Grillen, bis sichtbare Streifen auf den Kartoffeln zu sehen sind.

8. Die fertigen Smashed Potatoes leicht salzen und die Kräutercreme auf den Kartoffeln verteilen.

9. Lachs in breite Streifen schneiden und auf die Kräutercreme setzen. Mit Dill garnieren und servieren.

Außerhalb der Bärlauchsaison einfach ein ganzes Bund Dill nehmen.

Calamaretti mit mediterranem Tomaten-Bohnen-Salat

Seid umschlungen, Geschmacksknospen! Endlich kann man kleine Tintenfische grillen, ohne dass die leckeren Ärmchen auf Nimmerwiedersehen durch den Rost fallen. Es lebe der Fortschritt!

4 PERSONEN • ZUBEREITUNGSZEIT: 35 MINUTEN

ZUTATEN

500 g küchenfertige Calamaretti, frisch oder TK (aufgetaut)
2 EL Olivenöl

Für den Salat:

250 g bunte Kirschtomaten
1 kleine Dose weiße Bohnen (Abtropfgewicht 250 g)
1 kleine Dose gemischte Bohnen (Abtropfgewicht 250 g)
2 Zitronen
1 Bund Rauke (Rucola)
½ Bund Basilikum
1 Knoblauchzehe
1 kleine rote Zwiebel
3 EL Olivenöl

Fleur de Sel (Salzflocken)
schwarzer Pfeffer aus der Mühle

1. Die Calamaretti abspülen und mit Küchenpapier trocken tupfen.

2. Ein Küchenmesser mit einer breiten Klinge, die in etwa der Breite der Calamaretti entspricht, jeweils in eine Tube (siehe Tipp) hineinschieben. Mit einem weiteren scharfen Messer die Oberseite der Calamaretti im Abstand von 0,5 cm einschneiden. Das eingeschobene Messer verhindert ein komplettes Durchschneiden.

3. Die Calamaretti in einer Schüssel mit 2 EL Olivenöl marinieren.

4. Für den Salat Tomaten waschen, trocknen und in Scheiben schneiden. Die Bohnen in ein Sieb geben, abspülen, abtropfen lassen und zusammen mit den Tomaten in eine Schüssel füllen. Zitrone auspressen und den Saft über den Salat geben.

5. Rauke und Basilikum waschen und trocken schleudern. Rauke grob zerteilen. Basilikumblätter von den Stielen zupfen und in feine Streifen schneiden.

6. Knoblauch und Zwiebel schälen und fein hacken.

7. Inzwischen den Kontaktgrill auf hohe Temperatur vorheizen.

8. Rauke, Basilikum, Knoblauch, Zwiebel und 3 EL Olivenöl unter den Tomaten-Bohnen-Salat mischen und mit Salz und Pfeffer abschmecken.

9. Die Calamaretti 2 Minuten grillen. Anschließend mit Salzflocken und frisch gemahlenem Pfeffer bestreuen.

10. Die zweite Zitrone vierteln und mit dem Salat zu den Calamaretti servieren.

Die Körper (ohne Tentakel) nennt man Tuben, weil sie röhrenförmig und innen hohl sind. Tintenfische sind fettarm und liefern jede Menge Mineralstoffe, Spurenelemente, Vitamine und die wertvollen Omega-3-Fettsäuren.

Lachssteaks mit weißem Spargelsalat

Den Spargel (lat. Asparagus) hatten einst die feinsinnigen
Römer mit ins ungehobelte Germanien gebracht.
Heute ist er – grazie a Roma – in unser aller Munde.

4 PERSONEN • ZUBEREITUNGSZEIT: 30 MINUTEN

ZUTATEN

500 g weißer Spargel
(mitteldicke Stangen)
4 Lachssteaks mit Haut
(à 200 g)
Salz

Für das Dressing:

1 kleines Bund Dill
2 EL süßer Senf
1 EL mittelscharfer Senf
1 EL Honig
2 EL Apfelessig
½ TL Kurkuma
Salz
100 ml Sonnenblumenöl

1. Spargel waschen, Enden abschneiden und schälen.
2. Den Kontaktgrill auf mittlere Temperatur vorheizen.
3. Spargelstangen ca. 4 Minuten grillen. Herausnehmen, aber den Grill angeschaltet lassen.
4. Für das Dressing Dill waschen, trocknen, Blättchen von den Stielen zupfen und hacken.
5. Senf, Honig, Essig, Kurkuma und Salz in ein Schraubglas füllen und gut schütteln, Öl dazugeben und nochmals kräftig durchschütteln. Zum Schluss den Dill unterrühren.
6. Die Spargelstangen schräg in etwa 4 cm lange Stücke schneiden.
7. Lachssteaks salzen und 2 Minuten grillen.
8. Die Steaks mit Spargel und Dressing anrichten.

Der ultimative Spargel-Frischetest: Stangen
aneinanderreiben – wenn es quietscht, ist er frisch.

Thunfisch-Bohnen-Patties

Dies ist kein normales Rezept,
sondern eine Anleitung zum Bau einer Proteinbombe.
Bohnen und Thunfisch sind nämlich knallvoll mit wertvollem Eiweiß.

4 PERSONEN • ZUBEREITUNGSZEIT: 30 MINUTEN

ZUTATEN

1 kleine Dose weiße
  Bohnen (Abtropfgewicht
  250 g)
2 Dosen Thunfisch
  im eigenen Saft
  (Abtropfgewicht je 130 g)
3 Stangen Staudensellerie
1 kleine rote Zwiebel
2 Knoblauchzehen
2 Scheiben Toastbrot
½ Bund Schnittlauch
2 Eier (Größe L)
1 kleine Zitrone
2 EL kleine Kapern
Salz
schwarzer Pfeffer aus
  der Mühle

1. Bohnen in ein Sieb geben und unter fließend kaltem Wasser abspülen. Thunfisch dazugeben und beides gut abtropfen lassen. Thunfisch und Bohnen mit einem Löffelrücken zerdrücken und in eine Schüssel füllen.

2. Selleriestangen waschen, das Grün entfernen und fein würfeln.

3. Zwiebel und Knoblauch schälen und fein hacken.

4. Toastbrot in warmem Wasser kurz einweichen und gut ausdrücken.

5. Schnittlauch waschen, trocknen und in feine Röllchen schneiden.

6. Alles zusammen in die Schüssel mit dem Thunfisch-Bohnen-Mix geben

7. Die Eier in die Schüssel aufschlagen.

8. Zitrone auspressen. Den Saft und die Kapern hinzufügen und mit Salz und Pfeffer abschmecken.

9. Den Kontaktgrill auf mittlere Temperatur vorheizen.

10. Alle Zutaten gut miteinander vermengen und zu hühnereigroßen Bällchen formen.

11. In zwei Durchgängen 5–6 Minuten grillen. Mit einem frischen Dill-Gurken-Salat servieren.

Wie bei vielen Fischarten sollte man auch bei Thunfisch darauf achten, wo und vor allem wie er gefangen wurde. Das Siegel des »Marine Stewardship Council« ist eine gute Orientierung beim Einkauf.

Gemüse

Gegrillte Blumenkohlsteaks

Wenn man der angesehenen New York Times glauben darf, hat der Blumenkohl eine rosige Zukunft als »Veggie Celebrity« vor sich. Gut gebräunt werden nun auch die ganz großen Teller gerockt.

4 PERSONEN • ZUBEREITUNGSZEIT: 20 MINUTEN

ZUTATEN

2 Köpfe Blumenkohl
2 Zitronen
4 Stiele Koriander
2 EL Olivenöl
Fleur de Sel (Salzflocken)
schwarzer Pfeffer aus
  der Mühle
2 EL Kapern
150 g Kapernäpfel
150 g kleine schwarze
  Oliven

1. Blätter vom Blumenkohl entfernen, den Strunk jedoch unbedingt dranlassen. Blumenkohl waschen. Mit einem großen Messer aus der Mitte je 2 gleichmäßig dicke Scheiben schneiden (ca. 2,5 cm dick). Die übrigen Röschen anderweitig verwenden.

2. Die beiden Zitronen halbieren und den Saft gleichmäßig über die 4 Blumenkohlscheiben ausdrücken.

3. Kontaktgrill auf mittlere Temperatur vorheizen.

4. Koriander waschen, trocknen, Blätter von den Stielen zupfen und grob hacken.

5. Je 2 Blumenkohlscheiben für ca. 6 Minuten grillen.

6. Die fertigen Blumenkohlsteaks mit Olivenöl beträufeln und mit Salz, frisch gemahlenem Pfeffer und gehacktem Koriander bestreuen. Mit Kapern, Kapernäpfeln und Oliven anrichten.

Als Kapern werden die kleinen eingelegten Blütenknospen des Kapernstrauchs bezeichnet. Die Früchte nennt man Kapernäpfel.

Zweimal marinierte Champignonspieße

Champignons sind echte »low calorie champions« – gerade mal 24 Kalorien à 100 g. Da darf es schon mal ein Spießchen mehr sein.

4 PERSONEN • ZUBEREITUNGSZEIT: 25 MINUTEN

ZUTATEN

500 g braune Champignons
4 Frühlingszwiebeln
2 EL Sojasoße
1 EL Balsamicoessig
1 TL brauner Zucker
1 Knoblauchzehe
1 TL Sesamöl
1 TL geröstete Sesamsamen (gibt's schon fertig geröstet im Handel)

Zubehör: 8 Holzspieße

1. Pilze säubern, Stiele kürzen. Pilze längs halbieren, ca. 5–6 Hälften nacheinander auf je einen Holzspieß stecken.

2. Kontaktgrill auf mittlere Temperatur vorheizen.

3. Frühlingszwiebeln fein hacken, 1 EL zum Bestreuen beiseitelegen.

4. Sojasoße mit Essig und Zucker gut verrühren.

5. Knoblauchzehe schälen und durch eine Knoblauchpresse zur Marinade drücken. Frühlingszwiebeln und Sesamöl unterrühren.

6. Pilze mit der Marinade beidseitig bestreichen und in den Kontaktgrill geben. 2 Minuten grillen, nochmals mit Marinade bestreichen und für weitere 3 Minuten grillen.

7. Die fertigen Pilzspieße mit geröstetem Sesam und den restlichen Frühlingszwiebelringen bestreuen.

Braune Champignons, sogenannte Cremechampignons, sind wegen ihres geringeren Wasseranteils intensiver im Geschmack als die weißen.

Grüner Spargel mit Avocadohummus und Buchweizenknusper

Im Gegensatz zum lichtscheuen weißen Stangenspargel ist sein grüner Verwandter sozusagen die sonnenverwöhnte Outdoorvariante.

4 PERSONEN • ZUBEREITUNGSZEIT: 30 MINUTEN

ZUTATEN

1 kg grüner Spargel
1 EL Olivenöl
4 gehäufte EL Buchweizen

Für den Hummus:

1 kleine Dose Kichererbsen
  (Füllmenge 400 g)
1 Knoblauchzehe
1 kleines Bund Basilikum
1 Bio-Zitrone
2 Avocados
5 EL Tahin
Salz
schwarzer Pfeffer aus
  der Mühle

1. Kichererbsen in ein Sieb geben, abtropfen lassen und dabei die Flüssigkeit auffangen.

2. Die Knoblauchzehe schälen.

3. Die Blätter vom Basilikum zupfen, waschen und trocknen.

4. Die Zitrone auspressen.

5. Avocados schälen, Kerne entfernen und das Fruchtfleisch zusammen mit Tahin, der Hälfte der Basilikumblätter, Knoblauch, Zitronensaft und ca. 100 ml der Kichererbsenflüssigkeit cremig pürieren. Mit Salz und Pfeffer abschmecken.

6. Den Kontaktgrill auf mittlere Temperatur vorheizen.

7. Spargel waschen, die Enden wenn nötig schälen und ca. 5 Minuten grillen.

8. In der Zwischenzeit Olivenöl in einer Pfanne erhitzen und den Buchweizen darin leicht anrösten.

9. Die restlichen Basilikumblätter in feine Streifen schneiden.

10. Den gegrillten Spargel mit Salz und Pfeffer würzen, mit geröstetem Buchweizen und Basilikum bestreuen und mit Avocadohummus servieren.

Tahin oder auch Tahina ist eine Paste aus fein gemahlenen Sesamkörnern und schmeckt leicht bitter. Die über der Paste schwimmende Ölschicht dient auch der natürlichen Konservierung. Das Öl vor Gebrauch in eine Tasse füllen und danach wieder zurückgießen.

Zucchinirösti mit Kräuterschmand

Klein und fein! Mit ihrem leicht nussigen Geschmack
sind diese Zucchinirösti charmante Zungenbrecher und
unwiderstehliche Gaumenschmeichler in einem.

---

4 PERSONEN • ZUBEREITUNGSZEIT: 30 MINUTEN

ZUTATEN

600 g Zucchini
50 g Parmesan
3 Frühlingszwiebeln
1 Knoblauchzehe
2 Eier (Größe L)
70 g Kichererbsenmehl
Muskat
Salz
schwarzer Pfeffer aus
    der Mühle

Für den Kräuter-
schmand:

½ Bund Majoran
½ Bund glatte Petersilie
250 g Schmand oder
    griechischer Joghurt

1. Den Kontaktgrill auf mittlere Temperatur vorheizen.

2. Die Zucchini waschen, abtrocknen und mit einer Küchenreibe mittelfein in eine Schüssel raspeln. Die Masse auf ein sauberes Küchenhandtuch geben und möglichst viel Flüssigkeit herauspressen. Die Zucchiniraspel zurück in die Schüssel geben.

3. Parmesan reiben.

4. Frühlingszwiebeln waschen, trocknen und hacken.

5. Knoblauch schälen und fein hacken.

6. Eier, Kichererbsenmehl, geriebenen Parmesan, Muskat, Salz, Pfeffer und Knoblauch zu den Zucchini geben. Die Röstiteigmasse gut verrühren.

7. Mit einem großen Löffel etwas Teigmasse aufnehmen, mit etwas Abstand auf den Kontaktgrill setzen und goldbraun grillen.

8. Für den Kräuterschmand Majoran und Petersilie waschen und trocknen. Die Blätter abzupfen und fein hacken. Schmand in eine Schüssel geben und mit den gehackten Kräutern verrühren. Zuletzt mit Salz und Pfeffer abschmecken.

Zucchinisaft nach dem Ausdrücken nicht wegschütten, sondern Eiswürfel daraus machen und z. B. in Suppen oder Gemüsesmoothies geben!

Polentaschnitten mit buntem Mangoldgemüse

Der Aufstieg der Polenta vom Arme-Leute-Essen zum veganen Trendfood kommt nicht von ungefähr – schließlich ist sie fettarm, glutenfrei und reich an den Vitaminen B und K. Hört sich nicht besonders lecker an? Ist es aber!

4 PERSONEN • ZUBEREITUNGSZEIT: 40 MINUTEN • WARTEZEIT: 15 MINUTEN

ZUTATEN

700 g rotstieliger Mangold
150 g Polenta (Maisgrieß)
75 g Parmesan am Stück
1 Knoblauchzehe
4 EL Olivenöl
Salz
schwarzer Pfeffer aus
   der Mühle

1. 1 l Salzwasser in einem Topf zum Kochen bringen.

2. Mangold waschen und trocknen. Die Blätter von den Stielen trennen. Die Hälfte der Mangoldstiele klein würfeln. Die Hälfte der Blätter in feine Streifen schneiden.

3. Sobald das Wasser kocht, Polenta unter ständigem Rühren hineinrieseln lassen. Die Mangoldwürfel und -blätter dazugeben. Herdplatte auf niedrigste Stufe herunterdrehen und die Polenta unter ständigem Rühren ca. 20 Minuten lang garen, bis sie sich vom Topfboden löst. Parmesan grob reiben und die Hälfte davon in die Polenta rühren.

4. Eine flache Form mit einem ca. 5 cm hohen Rand mit kaltem Wasser ausspülen. Die Polenta hineingeben und glatt streichen. Ca. 15 Minuten abkühlen lassen.

5. Die restlichen Mangoldstiele in schräge Stücke, die restlichen Blätter in gröbere Streifen schneiden. Knoblauch schälen und durchpressen. 2 EL Olivenöl in einer Pfanne erhitzen. Mangold und Knoblauch dazugeben und einige Minuten dünsten. Mit Salz und Pfeffer abschmecken.

6. Den Kontaktgrill auf mittlere Temperatur vorheizen.

7. Polenta aus der Form auf ein Brett stürzen, in ca. 2 cm dicke Scheiben schneiden und goldbraun grillen.

8. Das Mangoldgemüse zusammen mit den gegrillten Polentascheiben servieren, das verbliebene Olivenöl darüberträufeln und mit Parmesan bestreuen.

Im konventionellen Maisanbau kommen viele Pestizide zum Einsatz, also lieber zu Bio-Polenta greifen!

Orientalisches Gemüse-Bakshish mit Ziegenkäse

Wie ein köstliches Geschenk aus TausendundeinerNacht …
und dabei so was von halāl!

. . . .

4 PERSONEN • ZUBEREITUNGSZEIT: 30 MINUTEN

. . . .

ZUTATEN

1 große Zucchini
1 rote Paprikaschote
1 gelbe Paprikaschote
4 Möhren
250 g grüner Spargel
4 Frühlingszwiebeln
200 g Ziegenkäse
4 EL schwarze Oliven
  ohne Stein

Für das Gewürzöl:

1 Knoblauchzehe
2 EL Koriandersamen
2 EL Kreuzkümmel
1 kleine getrocknete
  Chilischote
1 EL getrockneter Majoran
2 Prisen Muskat
1 Prise Zimt
1 EL brauner Zucker
Salz
Pfeffer aus der Mühle
6 EL Olivenöl

Zubehör:
4 Blätter Backpapier
Küchengarn zum Zubinden
  oder ein Tacker

1. Gemüse waschen und trocknen. Zucchini und Paprika in längliche Stifte bzw. Streifen schneiden, die Möhren schälen und längs vierteln. Spargelenden wenn nötig schälen. Frühlingszwiebeln putzen.

2. Ziegenkäse in Würfel schneiden.

3. Für das Gewürzöl die Knoblauchzehe schälen. Gewürze zusammen mit dem Zucker im Mörser zerstoßen. Nun die Knoblauchzehe dazugeben und zerstampfen. Zum Abschluss noch Olivenöl dazugießen und alles gut verrühren.

4. Den Kontaktgrill auf mittlere Temperatur vorheizen.

5. Rohes Gemüse, Ziegenkäse und Oliven mittig auf die vier Backpapierblätter geben. Das Gewürzöl mit einem Löffel darüberträufeln. Das Papier an zwei gegenüberliegenden Seiten hochnehmen und ca. 5 cm überlappend aufeinander falten. Die beiden kurzen Seiten entweder mit Küchengarn wie einen Bonbon zusammenbinden oder, wie hier im Bild, mehrmals falten und mit Tackerklammern fixieren.

6. Päckchen für ca. 5–6 Minuten grillen.

7. Die Päckchen auf große Teller legen, noch geschlossen servieren und – Simsalabim – erst bei Tisch öffnen.

. . . .

Wer mag, nimmt statt Ziegenkäse zartes Lamm- oder Geflügelfleisch!

Gegrillte Frühlingszwiebeln mit Romescosoße

Leben wie Gott in Spanien! Wer schon mal bei einer Calçotada war, dem typisch katalonischen Zwiebelfest, weiß, wie gut gegrillte Frühlingszwiebeln und die leicht scharfe Romescosoße geschmacklich miteinander harmonieren. Dazu ein Glas Cava – oder besser gleich zwei oder drei. ¡Salut!

---

4 PERSONEN • ZUBEREITUNGSZEIT: 15 MINUTEN

ZUTATEN
4 Bund Frühlingszwiebeln

Für die Soße:
3 in Essig eingelegte
   rote Paprikaschoten
   (aus dem Glas)
2 Tomaten
1 Knoblauchzehe
80 g Mandeln, gehackt
70 g Haselnüsse, gehackt
1 Prise Zucker
1 EL Olivenöl
½ TL Pimentón de la
   Vera (geräuchertes
   Paprikapulver)
1 Scheibe Sandwich-
   toastbrot
Salz
schwarzer Pfeffer aus
   der Mühle

1. Die Frühlingszwiebeln waschen und putzen.
2. Den Kontaktgrill auf mittlere bis hohe Temperatur vorheizen.
3. Für die Romescosoße alle Zutaten nicht zu fein pürieren.
4. Die Frühlingszwiebeln ca. 4 Minuten grillen und mit der Soße servieren.

Romescosoße passt auch wunderbar zu gegrilltem Fleisch oder Fisch.

Grillgemüse mit zitroniger Petersiliensoße

Respekt! Dieses Gemüse hat sich seine Streifen wirklich verdient. Kein Gramm Fett, alle Vitamine noch drin und ein feiner Röstgeschmack, bei dem selbst eingefleischten Grilltraditionalisten das Wasser im Mund zusammenläuft.

4 PERSONEN • ZUBEREITUNGSZEIT: 40 MINUTEN

ZUTATEN

500 g Süßkartoffeln
2 Auberginen
2 gelbe Zucchini
2 grüne Zucchini

Für die Soße:

1 Bund glatte Petersilie
2 kleine Bio-Zitronen
6 EL Olivenöl
2 TL Dijonsenf
2 TL Honig
Salz
schwarzer Pfeffer aus
    der Mühle

1. Den Kontaktgrill auf mittlere bis hohe Temperatur vorheizen.

2. Süßkartoffeln schälen. Auberginen und Zucchini waschen. Alles in ca. 0,5 cm dicke Scheiben schneiden und in mehreren Durchgängen für ca. 5 Minuten grillen. Das fertig gegrillte Gemüse auf eine Platte legen.

3. In der Zwischenzeit die Soße zubereiten. Dafür Petersilie waschen und die Blätter abzupfen.

4. Zitronen heiß abwaschen, abtrocken und die Schale abreiben. Danach beide Zitronen auspressen.

5. Petersilie, Zitronenschale, Zitronensaft, Olivenöl, Senf und Honig in einen Mixer geben oder mit einem Pürierstab kurz durchmixen.

6. Die Soße mit Salz und Pfeffer abschmecken und zum gegrillten Gemüse reichen.

Süßkartoffeln gleich nach dem Schälen in eine Schüssel mit kaltem Wasser legen, damit sie sich nicht braun verfärben.

Gegrillte Pilzfrittata

High Protein – Low Carb! Dieses leckere fettarme italienische Omelette ist perfekt für alle, die viel Sport machen. Und für alle, die eigentlich viel Sport machen wollen, aber ein magnetisches Sofa zu Hause haben.

4 PERSONEN • ZUBEREITUNGSZEIT: 25 MINUTEN

ZUTATEN

100 g Champignons
50 g Spitzkohl
4 Frühlingszwiebeln
2 Stiele frischer Oregano
5 Eier (Größe L)
1 Knoblauchzehe
80 g Gouda
2 Prisen Muskat
Salz
schwarzer Pfeffer aus
   der Mühle

1. Den Kontaktgrill auf mittlere Hitze vorheizen. Darauf achten, dass der Grill auf einem ebenen Untergrund steht.

2. Die Pilze putzen und grob würfeln.

3. Spitzkohl waschen, trocknen und in Streifen schneiden.

4. Frühlingszwiebeln putzen und in Ringe schneiden.

5. Oregano waschen, trocknen und Blätter abzupfen.

6. Das Gemüse in einer Schüssel vermischen, gleichmäßig auf dem Grill verteilen und ca. 5 Minuten grillen.

7. Eier in die Schüssel geben und mit einem Schneebesen verquirlen.

8. Knoblauchzehe schälen, durch eine Knoblauchpresse zu den Eiern drücken.

9. Gouda grob reiben.

10. Muskat, Oregano, 50 g von dem geriebenen Gouda, Salz und Pfeffer unter die Eiermasse rühren.

11. Den Kontaktgrill öffnen und ein Drittel der Eimasse vorsichtig und gleichmäßig über das Gemüse gießen. Grillklappe für 2 Minuten schließen. Diesen Vorgang 2 Mal wiederholen, bis die Eimasse vollständig verbraucht ist.

12. Jetzt noch den restlichen Gouda darüberstreuen und die Frittata noch weitere 5 Minuten grillen. Mit einem frischen gemischten Salat servieren.

Diese Frittata müsste eigentlich Grigliata heißen, denn sie wird ja – tschüss, Bratpfanne – nicht frittiert, sondern völlig fettfrei gegrillt.

Süßes

Grießschnitten mit Erdbeer-Holunderblüten-Soße

Das wünschen sich Pippi, Tommy, Annika und die Kinder von Bullerbü zum Frühstück, zu Mittag und zum Abendessen.

4 PERSONEN • ZUBEREITUNGSZEIT: 30 MINUTEN • WARTEZEIT: 1 STUNDE

ZUTATEN

50 g Butter
0,5 l Milch
80 g Zucker
3 EL Holunderblütensirup
1 Prise Salz
100 g Hartweizengrieß

Für die Soße:

250 g Erdbeeren
1 EL Puderzucker
2 frische Holunderblüten-
    dolden oder
    1 EL Holunderblütentee

1. Eine hitzebeständige Auflaufform mit knapp der Hälfte der Butter einfetten.

2. Milch mit Zucker, 2 EL von dem Holunderblütensirup und Salz in einem Topf zum Kochen bringen.

3. Grieß einstreuen und unter ständigem Rühren 2–4 Minuten köcheln lassen.

4. Die restliche Butter einrühren. Die Masse in die gefettete Form geben und ca. 1,5 cm dick ausstreichen. 1 Stunde auskühlen lassen.

5. Den fest gewordenen Grieß in beliebige Formen schneiden oder mit einer Keksform ausstechen.

6. Den Kontaktgrill auf mittlere Temperatur vorheizen.

7. Für die Soße Erdbeeren waschen, das Grün entfernen und die Früchte in kleine Stücke schneiden. Die Hälfte davon mit einem Stabmixer pürieren oder mit einer Gabel zerdrücken. Mit je 1 EL Holunderblütensirup und Puderzucker abschmecken. Die restlichen Erdbeerstücke hinzufügen.

8. Die Grießschnitten vorsichtig auf den Kontaktgrill geben und ca. 4 Minuten goldbraun grillen.

9. Blüten von den Holunderdolden zupfen. Grießschnitten mit der Erdbeersoße anrichten und mit den frischen oder getrockneten Holunderblüten bestreuen.

Im Bio-Supermarkt gibt es auch Vollkorngrieß aus Dinkel oder Kamut. Mal probieren!

Gegrillte Aprikosen mit Mascarpone-Orangen-Creme

Ihren Namen verdankt die Aprikose der griechischen Liebesgöttin Aphrodite, denn in alter Zeit wurde die Frucht gerne zur Steigerung der Fleischeslust gegessen. Diese anregende Wirkung ist heute zwar wissenschaftlich widerlegt, aber Obacht, Lust auf eine zweite oder dritte Portion macht sie garantiert immer noch.

4 PERSONEN • ZUBEREITUNGSZEIT: 15 MINUTEN

ZUTATEN

- 250 g Mascarpone
- 200 g Skyr, 0,2 % Fett
- 3 EL Puderzucker
- 1 Bio-Orange
- 10 Aprikosen
- 3 Zweige frischer Thymian
- 2 EL flüssiger Honig

1. Mascarpone mit Skyr und Puderzucker in einer Schüssel glatt rühren.

2. Orangenschale abreiben und zur Creme geben. Etwas davon als Deko zurückbehalten. Die Orange halbieren, eine Hälfte auspressen und 3 EL Saft unterrühren.

3. Aprikosen waschen, halbieren und die Steine entfernen.

4. Den Kontaktgrill auf mittlere Temperatur vorheizen.

5. Inzwischen die Thymianblättchen von den Stängeln zupfen.

6. Die Aprikosenhälften auf den Grill legen und mit dem Thymian bestreuen. Grillen, bis die Aprikosen weich sind und etwas Farbe bekommen haben.

7. Die Aprikosen auf Desserttellern anrichten, mit Honig beträufeln, mit Orangenabrieb bestreuen und noch warm zu der Mascarpone-Orangen-Creme genießen.

Der Legende nach brachten die Wikinger Skyr, ein Mittelding zwischen Joghurt und Quark, bereits vor über 1000 Jahren mit nach Island. Da er hauptsächlich aus Magermilch hergestellt wird, hat er sehr wenig Fett, ist aber dennoch angenehm cremig.

Ricotta-Blaubeer-Pancakes mit Sommerbeeren

Endlich! Die fette Pfanne hat Ferien! Pancakes werden ab jetzt gegrillt.

4 PERSONEN • ZUBEREITUNGSZEIT: 20 MINUTEN

ZUTATEN

- 2 Eier (Größe L)
- 125 g Mehl
- 1 TL Weinsteinbackpulver
- ⅛ l Milch
- 1 EL Zucker
- ½ Pck. Bourbonvanille-zucker
- 250 g Ricotta
- 100 g Blaubeeren
- 1 Prise Salz
- 2 EL Puderzucker
- 100 ml Ahornsirup
- 500 g gemischte Beeren, z.B. Erdbeeren, Himbeeren, Blaubeeren und/oder Brombeeren

1. Die Eier trennen. Eiweiße und Eigelbe in getrennte Schüsseln geben.

2. Mehl, Backpulver, Milch, Zucker, Vanillezucker und Ricotta zu den Eigelben geben. Alles verrühren, bis eine gleichmäßige Masse entstanden ist.

3. Blaubeeren waschen, gut abtropfen lassen und vorsichtig mit einem Spatel unterrühren.

4. Den Kontaktgrill auf mittlere Temperatur vorheizen.

5. Eine Prise Salz ins Eiweiß streuen und mit einem Handmixer steif schlagen.

6. Den Eischnee mit einem Schneebesen unter die Teigmasse heben.

7. Teig esslöffelweise auf den Grill setzen und für ca. 2 Minuten goldbraun grillen.

8. Die fertigen Pancakes auf vorgewärmte Teller geben, mit Puderzucker bestäuben und mit Ahornsirup übergießen. Dazu frische Beeren reichen.

Ahornsirup ist ursprüngliche eine Erfindung der Indianer Nordamerikas und wird aus dem eingedickten süßen Saft von Ahornbäumen gewonnen.

Gegrillte Ananas mit Melting Marshmallows

Damit begeistert man nicht nur die lieben Kleinen. Auch so mancher erwachsene Süßzahn wird sich bei dieser perfekten Kombination aus Süße und fruchtigen Röstaromen garantiert wie bei Mutti fühlen.

4 PERSONEN • ZUBEREITUNGSZEIT: 15 MINUTEN

ZUTATEN

1 Ananas
8 große Marshmallows
4 Erdbeeren
1 EL fein gehackte Pistazien (gibt's fertig zu kaufen)
1 EL brauner Zucker

1. Kontaktgrill auf mittlere Hitze vorheizen.

2. Ananas schälen und in ca. 0,8 cm dicke Scheiben schneiden. Den Strunk in der Mitte entfernen.

3. Die Ananasscheiben gleichmäßig goldbraun grillen.

4. Die Marshmallows auf die Oberseite der saftigen Ananasscheiben drücken, bis sie geschmolzen sind.

5. Jeweils 2 Scheiben übereinanderstapeln, mit den Erdbeeren dekorieren und Pistazien und braunen Zucker darüberstreuen.

Dieses Dessert bitte nicht mit Dosenfrüchten zubereiten! Die Marshmallows werden nämlich nicht durch die Hitze, sondern durch ein spezielles, nur in frischer Ananas enthaltenes Enzym namens Bromelain zum Schmelzen gebracht.

Gegrillte Zitronen-Limetten-Limonade

**Gibt das Leben dir Zitronen ...
dann grill sie und mach 'ne leckere Limo draus!**

. . . .

4 PERSONEN • ZUBEREITUNGSZEIT: 15 MINUTEN • KÜHLZEIT: 45 MINUTEN

. . . .

ZUTATEN

6 Bio-Zitronen
2 Bio-Limetten
200 g brauner Zucker
10 Stängel frischer
   Thymian
Mineralwasser
Eiswürfel

1. Zitronen und Limetten waschen und trocken reiben. Von 5 Zitronen die Schale dünn mit einem Sparschäler abschälen.

2. Den Kontaktgrill auf hoher Stufe vorheizen.

3. Die 5 Zitronen und die beiden Limetten halbieren. Mit den Schnittflächen nach unten ca. 5 Minuten grillen, ohne dass sie zu dunkel werden.

4. In der Zwischenzeit braunen Zucker, die Zitronenschalen, 2 Thymianstängel und 200 ml Wasser in einem Topf erhitzen. 5 Minuten sprudelnd kochen lassen, bis der Zucker sich vollständig aufgelöst hat. Den süßen Sirup nach dem Abkühlen durch ein Sieb gießen.

5. Die Zitronen und Limetten aus dem Grill nehmen, abkühlen lassen und den Saft auspressen.

6. Saft und Sirup verrühren und für ca. 45 Minuten in den Kühlschrank stellen.

7. Die noch verbliebene Zitrone in dünne Scheiben schneiden.

8. Den Limonadensirup im Verhältnis 1:10 mit Mineralwasser glasweise aufgießen und mit Zitronenscheiben, Eiswürfeln und einem Thymianzweig servieren.

Statt Thymian kann man auch frische Rosmarinzweige oder Minze verwenden. Für Erwachsene: Wasser zu gleichen Teilen durch Rosé und Tonicwater ersetzen.

Karamellisierte Birnen mit Ahornsirup und Amarettinibröseln

Jetzt gibt's was auf die Birne! Denn bei dieser heiß-kalten Komposition von Fruchtig-süß-karamellig mit feinen Röstaromen muss man/frau einfach zuschlagen.

4 PERSONEN • ZUBEREITUNGSZEIT: 15 MINUTEN

ZUTATEN

2 reife Abate-Birnen
½ Zitrone
2 TL brauner Zucker
1 Pck. Walnusseis (500 ml)
6 EL Amarettinikekse
4 EL Ahornsirup

1. Birnen schälen und längs halbieren. Mit einem kleinen Kugelausstecher oder einem Teelöffel das Kerngehäuse entfernen.

2. Den Kontaktgrill auf mittlere Temperatur vorheizen.

3. Die halbe Zitrone mit der Hand über den Schnittseiten der Birnen auspressen.

4. Die 4 Birnenhälften jeweils mit ½ TL Zucker bestreuen. Dann für ca. 7 Minuten grillen, dabei karamellisiert der Zucker.

5. Das Eis aus dem Gefrierfach nehmen.

6. Die fertig gegrillten Birnen in Dessertschalen legen und 5 Minuten abkühlen lassen.

7. Die Amarettini in einen Gefrierbeutel füllen. Mit einem Nudelholz oder einer leeren Flasche darüberrollen und sie zerbröseln.

8. Auf jede Birnenhälfte eine große Eiskugel geben. Ahornsirup darübergießen und mit den Amarettinibröseln bestreuen.

Zur Geschichte der Amarettini sagt Wikipedia: »Die Ursprünge gehen auf Konfekt zurück, das von sassanidischen Schahs zur Feier des zoroastrischen Neujahrs (Nouruz) verzehrt wurde.« Alles klar? Wir übersetzen: superleckeres, typisch italienisches Mandelgebäck, das auf der Zunge zergeht.